まちをつくる くらしをまもる
公務員の仕事
4. 教育・子ども関連の仕事

協力：足立区役所　編：お仕事研究会

もくじ

この本の使い方 ……………………………………………………………… 3

区役所の本庁舎と、各部署 ………………………………………………… 4

就学前の子どもをあずかる仕事 保育園 ………………………………… 6

小学校の先生という仕事 小学校教員 …………………………………… 10

中学校の先生という仕事 中学校教員 …………………………………… 14

障がい児教育にかかわる仕事 特別支援学級 …………………………… 18

学校の最高責任者という仕事 小学校の校長 …………………………… 22

子ども・子育てにかんする仕事 子ども政策課 ………………………… 26

保育園の入園にかかわる仕事 子ども施設入園課 ……………………… 30

青少年の育成にかかわる仕事 青少年課 ………………………………… 34

本を貸し出す仕事 中央図書館 …………………………………………… 38

文化にかかわる仕事 郷土博物館 ………………………………………… 42

さくいん ……………………………………………………………………… 46

●この本の使い方

おもな仕事の内容を、説明します。

役所内の部署名です。
（自治体によって、同じ仕事をしていても部署名が違ったり、担当する仕事のはんいがことなっていたりします。）

その部署の仕事内容を、くわしく解説しています。

コラムでは、業務に関連する内容について、情報を補ってくれます。

この部署ではたらいている人に、インタビューをしています。

はたらいている人の部署名と名前です。
（所属は、2024年3月時点の情報です。）

ミニ知識では、この項目で出てくる用語や仕事内容をおもに説明しています。

実際にはたらいている人が「心がけていること」を聞きました。

●区役所の本庁舎と、各部署

　足立区の場合、中央館、南館、北館の3棟からなる本庁舎のほか、区内の各所に区民事務所や、福祉事務所などがあっていろいろな手続きをすることができます。ほかに、図書館や清掃事務所、保健所などのように、本庁舎の外にあって、さまざまな仕事をしている部署があります。また、区内には67校の区立小学校と、35校の区立中学校、区立保育所（保育園）や認定こども園もあります。

　足立区内にある警察署や消防署は、足立区ではなく東京都に属する組織ですが、区と連けいしてさまざまな仕事をしています。

● 足立区役所 本庁舎

北館

	エコガーデン	
4階	都市建設部	都市建設課
		事業調整担当課
		高台まちづくり担当課
		ユニバーサルデザイン担当課
		交通対策課（3巻）
		駐輪場対策担当課
	道路公園整備室	道路公園管理課
		安全設備課
	職員労働組合	
3階	政策経営部	区民の声相談課 区民相談室（1巻）
	道路公園整備室	東部道路公園維持課（3巻）
		西部道路公園維持課
		パークイノベーション推進課
		道路整備課（3巻）
2階	区民部	国民健康保険課（1巻）
		高齢医療・年金課（1巻）
	あだちワークセンター（ハローワーク足立）	
	喫茶室	
1階	福祉部	福祉管理課
		障がい福祉課
		障がい援護担当課
	高齢者施策推進室	高齢福祉課
		地域包括ケア推進課
		介護保険課
	ATMコーナー	
	北館案内	
B1階	総務部	総務課（車両計画担当）
	食堂	
B2階	駐車場	

中央館

8階	区議会	議場傍聴席
		特別委員会室
	特別会議室	
7階	区議会	議場
		委員会室
6階	区議会	議長室
		副議長室
		各党控室
		区議会控室
		区議会事務局
5階	政策経営部	ICT戦略推進担当課
		情報システム課
4階	建築室	建築審査課
		建築防災課（3巻）
		開発指導課
		建築調整担当課
		住宅課
		区営住宅更新担当課
3階	福祉部	親子支援課 豆の木相談室
	子ども家庭部	子ども施設指導・支援課
		子ども施設運営課
		私立保育園課
		子ども施設入園課（p.30）
2階	政策経営部	区政情報課
		区政資料室
		産業情報コーナー
	庁舎ホール	
1階	区民部	課税課（1巻）
		納税課
		特別収納対策課
	区民ロビー・赤ちゃん休憩室・喫茶コーナー	
	中央館総合案内	
B1階	施設営繕部	庁舎管理課
	夜間休日受付	
B2、3階	駐車場	

南館

階	部署	課	課
14階	展望レストラン		
13階	大会議室		
12階	会議室		
11階	総務部	契約課 特命・調査担当課	入札室
	ガバナンス担当部	ガバナンス担当課	コンプライアンス推進担当課
	環境部	環境政策課 生活環境保全課	ごみ減量推進課
	社会福祉法人	足立区社会福祉協議会	
10階	総務部	人事課	
9階	政策経営部	政策経営課 基本計画担当課（1巻） 報道広報課（1巻）	SDGs未来都市推進担当課 財政課 シティプロモーション課
	エリアデザイン推進室	エリアデザイン計画担当課	
	あだち未来支援室	協働・協創推進課	子どもの貧困対策・若年者支援課
	総務部	総務課 資産活用担当課	資産管理課
	公共施設マネジメント担当部	公共施設マネジメント担当課	
8階		区長室（1巻） 総務部　秘書課	区長室　副区長室 庁議室
7階	危機管理部	危機管理課	犯罪抑止担当課
	総合防災対策室	災害対策課（3巻） 調整担当課 防災センター	防災力強化担当課
	施設営繕部	東部地区建設課	西部地区建設課
6階	教育委員会	教育長室	
	教育指導部	教育政策課	
	学校運営部	学校支援課	
	子ども家庭部	子ども政策課（p.26）	青少年課（p.34）
	行政委員会	選挙管理委員会事務局	監査事務局
5階	教育指導部	学校ICT推進担当課 教育指導課	学力定着推進課
	学校運営部	学校施設管理課 おいしい給食担当課	学務課（2巻）
	施設営繕部	中部地区建設課（3巻）	施設整備担当課
4階	産業経済部	産業政策課 産業振興課（1巻）	企業経営支援課
	都市建設部	まちづくり課（3巻） 中部地区まちづくり担当課 千住地区まちづくり担当課	
	鉄道立体推進室	鉄道関連事業課	
	一般財団法人	足立区観光交流協会	
	行政委員会	農業委員会	
3階	地域のちから推進部	地域調整課	住区推進課
	生涯学習支援室	地域文化課 スポーツ振興課（2巻）	生涯学習支援課（2巻）
	絆づくり担当部	絆づくり担当課	
	公益財団法人	足立区体育協会	
2階	衛生部	衛生管理課 こころとからだの健康づくり課（2巻）	データヘルス推進課 保健予防課
	会計管理室	会計管理室	
	指定金融機関・ATMコーナー		
1階	区民部	戸籍住民課（1巻）	
	南館案内		
B1階	電気諸室		
B2,3階	駐車場		

●その他

- 小学校（p.10, 22）
- 特別支援学級（p.18）

- 中学校（p.14）

- 区立保育所（保育園）（p.6）

- 障がい福祉センターあしすと（2巻）

- 足立保健所（2巻）
- 保健センター（2巻）

- 清掃事務所（3巻）

- 中央図書館（p.38）

- 郷土博物館（p.42）

- 足立福祉事務所
- 福祉課（2巻）

- 警察署（5巻）

- 消防署（5巻）

▨ は足立区以外の組織です。

（※掲載されている情報は、2023年3月現在のものです。）

就学前の子どもをあずかる仕事　保育園

保育園では、保育士のほか、保育補助員、管理栄養士、園長と副園長など、さまざまな人が、子どもの保育にかかわっています。

地域の子どもの成長を支える

認可保育園では、0歳から小学校に入学する前までの子どもをあずかります。

1 子どもをあずかる

子どもたちは、保護者のはたらく時間によって朝7時30分から9時ごろまでの間に登園し、16時から19時30分の間で降園します。
保育者は、子どもたちがさまざまな遊びを通して多くのことを体験できるよう、環境を整え、一緒に遊びを楽しみます。

2 子どもの記録を書く

毎日の記録は、子どもの成長を確認するためにとても大切です。乳児・3歳未満児に対しては、毎日一人ひとりの記録をつくり、保護者と共有します。

3 保護者に子どもの様子を伝える

一日の様子を、お迎えの時間や連絡帳で伝えます。
内容は、遊びの様子、体調面、食事をとる量、排せつ、睡眠などです。
足立区では、アプリを使って写真を取り入れながら配信しているため、保護者からとても好評です。

4 子どもの個人計画をつくる

子ども一人ひとりの成長を願い、個人の計画をつくります。
季節の変化なども考え、子どもの実態にあわせた具体的なねらいや遊びの内容を記入します。

5 活動や行事の準備・運営

子どもの遊ぶ様子を見ながら、遊びに必要な教材を準備したり、環境を設定したりします。また、保育園では子どもの成長を運動会や発表会を通して保護者と共有します。その準備や計画、お知らせ等も保育士の仕事のひとつです。

保育士の仕事についてくわしく知ろう

保育園で子どもをあずかり、保護者に代わって保育を担当するのは、保育士です。ここでは、足立区の大谷田第一保育園の保育士の一日の仕事を紹介します。

⭐6 大谷田第一保育園

大谷田第一保育園は、足立区が運営する認可保育園です。開園時間は、月曜日から土曜日までの7時30分から18時30分までですが、19時30分まで延長保育を行っています。

子どもは、0歳（6カ月以上）から5歳まで（小学校にあがる前）が対象です。

⭐7 年長（5歳児）クラス

5歳児になると、子どもたちは自分で考えて行動するようになります。友達とかかわる中で思いやりの気持ちをもったり小さい子どもたちの面倒をみたりします。そして、小学校への就学に向けて意欲が育ち、自信もついてきます。

● 保育士の一日（年長クラスの場合）

時間	子どもの活動内容	保育士の仕事
7：30〜	登園	
9：00〜	自由遊び	子どもの発言する機会をつくる 朝のあいさつ、出欠席人数を確認
	サークルタイム（みんなで話し合う場）	
	園外での遊び	
12：00〜	食事の準備・食事	
13：00〜	食事の片づけ・歯みがき	
14：00〜	自由遊び	子どもの記録をつくる、子どもの個人計画をつくる 保護者にその日の子どもの様子を伝える内容をまとめる
	おやつ	
16：00〜	お迎え	保護者に子どもを引きわたす
18：00		保護者にその日の子どもの様子、連絡事項を伝える

大谷田第一保育園

保育園の年間行事

保育園では、年間にいろいろな行事を行っています。

⭐8 毎月の行事、季節の行事

保育園では、毎月の行事と季節の行事があります。季節の行事では、地域の親子が参加できるものもあります。

● 保育園の年間行事（一例）

春（4月～6月）

入園式、こどもの日、虫歯予防デー、保育参加、個人面談

夏（7月～8月）

プール開き、夏まつり

秋（9月～11月）

運動会、引き取り訓練、バス遠足

冬（12月～3月）

発表会、お楽しみ会、新年子ども会、節分、保護者会、ひなまつり、お別れ会、就学祝式、進級を祝う会

誕生日会、避難訓練、身体測定

毎月の行事

はたらく人へインタビュー
子どもを保育する仕事

大谷田第一保育園保育士の鈴木康仁さん

Q1 どんな業務をしていますか？

A 年長クラスの担任

私は、年長クラスを担任しています。一緒に遊びながら、子どもたちがさまざまな体験を通して自分で考えたり、自分の意見を伝えたりできる環境づくりを心がけています。

そうしたことで、子どもたちは、基本的な生活習慣も身につき、自信をもって就学していきます。

保護者への支援も大切な仕事です。子どもの様子を必ず伝え、その日の出来事は共有します。そして、保護者が悩んでいることなどに寄りそい、解決していくことも大事な役割です。

そのほか、日々の記録や計画、行事等の準備も行っています。

Q2 仕事のやりがいを感じるときは、どのようなときですか？

A 子どもの成長を感じたとき

毎日の保育でも子どもの成長を感じますが、とくに運動会や発表会などの大きな行事では、成長の姿を実感できます。保護者からも「成長した姿を見ることができました」という言葉をいただき、一緒に喜びを共有できることも、この仕事のやりがいです。

Q3 印象に残っていることはありますか？

A 子どもたちのやり抜く力

子どもたちが挑戦する力にはいつもびっくりさせられます。これができるようになりたい！という気持ちから、あきらめずに最後まで取り組んでいます。やり切った自信が、表情にも表れ、その姿を行事等で保護者にも感じてもらっています。

子どもの近くにいるからこそ、子どもの力を感じることができると思っています。

心がけていること

安全な環境をつくること

もっとも大切なことは、子どもたちが、安全な環境のなかで、楽しく過ごせることです。

たとえば、一緒に遊ぶときは、決して子どもの姿を見失わないよう、見守るときの自分の立ち位置に気を配っています。

そのほかにも、子どもと接するとき、子どもの目線に立って伝えることを心がけています。

小学校の先生という仕事

小学校教員

小学校の先生は、勉強を教えてくれる人であり、子どもたちの遊び相手であり、そして子どもたちをまもってくれる大人でもあります。

小学生の学級担任

小学校の先生（教員・教諭）は、教科の勉強を教えるだけでなく、学校のことについて、いろいろな仕事をしています。

★1 授業を行う

小学校の先生は、おもにひとりが学級担任として、国語、算数、理科、社会、総合的な学習の時間、外国語（活動）、特別の教科 道徳などの授業を担当します。授業を行うにあたっては、その年の年間計画を立てて、単元の指導内容を確認すること、教材づくりなども必要です。

★2 生活指導、行事の運営

授業にかんする仕事以外にも、さまざまな仕事があります。健康観察、給食や掃除などの日常生活の指導を行ったり、遠足や運動会といった学校行事の運営、PTAや地域社会への協力活動なども行っています。

★3 学校運営のための仕事

会社にいろいろな部署があるように、学校の先生も分担して仕事をしています。

学校の組織と部署ごとの仕事内容は、学校ごとに決められています。東栗原小学校の組織は、図のような部署に分かれています。

たとえば、生活指導部は、学校のきまりを守るよう子どもに指導するところです。具体的には、いじめや不登校の未然防止、学校の外で起こったトラブルの解決、タブレットの使い方のルールづくりなどです。また、特別活動部では、異なる学年どうしで交流する活動に取り組んでいます。

こうした、学校全般の仕事は、ほかの先生と協力しながら行っていくものです。

● 東栗原小学校の組織

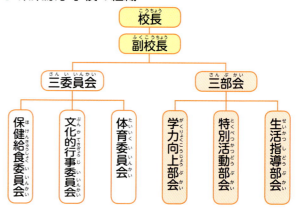

コラム 小学校の外国語教育

- 令和2年度から小学3・4年生で「外国語活動」が始まり、5・6年生では教科として「外国語」が始まりました。足立区の小学校では、区から派遣された外国語活動アドバイザーと教員が、協力しながら外国語の授業を進めています。

学校運営のための仕事についてくわしく知ろう

足立区の東栗原小学校では、子どもの自立を促し、手助けをする学校、子どもが安心して過ごすことのできる安全な学校をめざしています。それを実現するために、先生たちはさまざまな取り組みを行っています。

★4 東栗原小学校

東栗原小学校には、373名の子どもが通っています（2024年3月現在）。1年から6年までがすべて2クラスで構成されています。「学ぶよろこび きたえるよろこび ふれ合うよろこびをもつ子ども」を教育目標に、学校を運営しています。

★5 特別活動

特別活動は、集団活動や体験活動を通じて、社会で生きていく力を身につけるなど、子どもの人間関係をつくる力を育てる活動です。

具体的な活動には、学級活動、児童会活動、クラブ活動、学校行事などがあります。これらは、子どもたちが自ら考えて行動したり、仲間と協力したりして成しとげる経験をつむことができます。

先生は、子どもが自分で考えるよう導いたり、話し合いの場をつくったりして、子どもたちの自主性をのばす手助けをします。また、行事を通じて、子どもたちが、気づいたことなどを振り返り、発表し合うよう指導します。

★6 生活指導

生活指導では、子どもが気持ちよく過ごすために、学校生活の安全、交通安全、災害安全などに取り組みます。

なかでも、いじめ対策では、いじめを未然に防ぐために、生活指導にかかわる先生たちが主導して、定期的なアンケート調査を行い、その結果を検証して、改善が必要であれば、その方法を先生たちで考えます。また、いじめが起こった場合を想定して、そのときにどう対応するか、なども決めておきます。

そのほかにも、避難訓練の計画・実施や、子どもが学校の外でトラブルに巻き込まれた場合に対応します。

●東栗原小学校の生活のきまり

安全な学校生活のためのきまりをつくり、子どもと守ることも生活指導の仕事です

小学校教員

小学校の先生になるには

公立の小学校の先生（教員・教諭）になるには、教員の免許をとり、さらに教員の採用試験に合格しなければなりません。

⭐7 小学校教員免許をとる

小学校の先生になるには、小学校の教員免許をとることが必要です。小学校の教員免許は、大学や短大などで小学校教員養成課程（小学校の先生になるための課程）を学び、学校での教育実習や福祉施設での介護体験をした人に与えられます。

⭐8 教員採用試験を受ける

公立の小学校の先生を希望する場合は、各都道府県や大きな都市が実施している教員採用試験を受けなければなりません。試験に合格すれば小学校教員になれます。ただし、これですぐにはたらけるわけではなく、教育委員会などの面接試験を受けた後に、正式に採用となります。

一方、私立の小学校を希望する場合は、その学校の教員採用試験を受けて合格したら、先生として採用となります。

● 小学校の授業風景

> **コラム**
> ## 産休や育休をとる先生に代わる臨時的任用教員（臨時教員）
>
> - 先生が出産や育児で長期間休むときは、代わりの先生（臨時教員）が学校に配属されます。
> - 臨時教員は、教員免許をもち、教育委員会に登録されている臨時教員候補者のなかから採用されます。休んでいた先生が復帰するまで、臨時教員が学級担任などを受けもちます。

はたらく人へインタビュー
小学校教員の仕事

東栗原小学校 教員の宮﨑有希さん

Q1 どんな業務をしていますか？

A 3年生の学級担任

私は、3年生の学級担任をしています。国語、算数、理科、社会、総合的な学習、道徳、学活などについて、どうやって学ばせるかを考えながら授業を行っています。

また、学校運営では、特別活動部という部署に入っていて、運動会や学芸会、音楽会などの学校行事にむけて、計画を立て、先生どうしで役割を分担しながら準備を進めます。また、3年生と5年生をペアにして、3年1組と5年1組、3年2組と5年2組が一緒にあそぶ異学年交流活動を計画した場合、担任の先生に具体的な交流内容を決めてほしいといった指示を出すこともあります。

Q2 仕事のやりがいを感じるときは、どのようなときですか？

A 時代にあわせた教育を学ぶこと

教育現場は、つねに時代にあわせて変わっていきます。昔はすべての子どもに同じ指導が望まれていましたが、今は子ども一人ひとりにあった指導をめざしています。そのつど、新しい知識や考えを学んだり、未来を考えたりするのが、とても楽しいですね。

そうした変化の中で、子どもたちが成長していくのをみると、がんばろうという気になります。

Q3 印象に残っていることはありますか？

A 子どもたちのイキイキとした姿

運動会のダンスでのことです。練習の最初は、動きがぎこちなかった子どもたちが、練習を重ねていく姿を見て、とても頼もしく思いました。当日は、みごとなダンスを披露し、イキイキとしていました。自分たちで工夫して練習し、振付けも考えたりして、やりとげた姿はとても印象に残っています。

☆ 心がけていること

自分たちのクラスは自分たちでつくる

いつも、クラスの子どもたちに、「自分たちのクラスは自分たちでつくるんだよ」と言っています。私がすることは、子どもたちが考え、決めて、実行に移せるように後押しすることです。そうして、うまくいったときは、一緒に喜んだり、共感したりして、子どもたちと達成感を共有しています。

中学校の先生という仕事

中学校教員

中学校の先生は、専門教科を教えるとともに、学級担任になれば、生活指導から進路指導までかかわります。

中学生の学級担任

中学校の先生（教員・教諭）は、特定教科を教え、学級の担任として生徒の指導などを行います。

1 特定教科の授業を行う

中学校の先生は、教科担任制といい、国語、数学など、教科ごとに専門の先生が授業を行います。学級担任がほとんどの教科を教える小学校と違い、中学校は専門の先生が教えるため、その教科についてより専門的な授業を行うことができます。

2 学級担任としての仕事

学級担任を受けもつと、毎日、次のような仕事を行います。
- 朝と帰りの会（学活）で、生徒の出欠を確認し、子どもの観察をしながら必要に応じて指導します。
- 提出物を回収して管理します。
- 子どもから連絡ノートを集めて、それぞれに返事を書き込んだ後に返します。
- 欠席した子どもに対して、保護者に連絡して、体調を確認し、翌日登校が可能であれば、予定などを伝えます。
- 進路指導では、保護者と生徒の希望を聞きつつ、生徒にとって最善の進路を一緒に考えます。
- 給食指導、掃除指導など。

教科の仕事に、学級担任の仕事が加わると忙しくなりますが、生徒と接する時間が増えるため、生徒の成長を間近で見る機会が多くなります。

3 行事の運営

運動会や文化祭などの学校行事の準備、運営なども行います。また、PTAと協力して、入学式や卒業式、バザーなどの催しを運営します。

4 部活の顧問

部活の顧問として、部活を管理（練習日程の管理、大会引率、部費の管理、安全管理など）するほか、指導者としての役割をになう場合もあります。学校（または部活）によっては、部活の指導を外部の指導員に依頼し、先生は管理の役割のみというところもあります。

5 研修を受ける

中学校の先生になった1年目には、必ず受けなければならない研修があります。ベテランの先生の授業を見学したり、自身の授業のしかたを指導してもらったりしながら、人とのかかわり方や指導のしかたなどを学びます。

2年目以降も、専門教科の指導や、特別支援教育など、さまざまな研修に参加し、中学教育のスキルアップを図ります。

中学校の先生の仕事についてくわしく知ろう

足立区には、区立中学校が35校あります。ここでは、谷中中学校の国語の先生（杉山先生）の取り組みについて紹介します。

⭐6 谷中中学校

谷中中学校には、477名の生徒が通っています（2024年3月現在）。1学年は4～5クラスです。「自ら学ぶ生徒　豊かな心をもつ生徒　たくましく生きる生徒」を教育目標に、学校を運営しています。

⭐7 授業の準備

谷中中学校の国語の先生は、学年ごとに1名で、杉山先生は2年生のすべてのクラスの国語の授業を受け持っています。

国語の先生に限らず、すべての科目の先生が、授業の前に入念な準備をしています。中学の授業では、題材（単元といいます）は複数時間で構成されています。したがって、前もって題材の計画をたて、さらに1時間分の授業の内容を考えます。使用する教材を選び、それについて先生もいろんな資料を読んで知識を深めます。さらに、生徒の理解をどのように評価するかなども、あらかじめ考えていなければなりません。

このように、先生は時間をかけて授業の準備を行っているのです。

⭐8 国語の授業でめざすこと

杉山先生は、国語の授業を通して、生徒が自分で考え、それについて人と話し合い、最終的に自分で答えを出す力をつけることをめざしています。

● 国語の授業でめざすこと
＜教員の投げかけに対して、生徒たちが答えを出す流れ＞
例：『走れメロス』（太宰治）について

先生	メロスは何のために走ると思いますか？
↓	
子ども	①自分だけで考えをまとめる
↓	
	②班の仲間に考えを説明する
↓	
	③それぞれの考えについて班の中で話し合い、班として意見をまとめる
↓	
	④ほかの班に発表する

2年生・3年生	部活やボランティア活動など、社会とのかかわり合いが増えるため、社会生活から得た知識を使って答えを出す
1年生	日常生活で経験した知識から答えを出す

● 授業風景

9 学活指導

　学級担任は、必ず朝と帰りの会に出て、指導を行います。朝と帰りの会は、生徒たちとの信頼関係をきずく大切な場となります。また、生徒の発言や行動から、成長を感じることができるため、学級担任としてやりがいを実感できる時間でもあります。

● 国語の先生のある日の一日（杉山先生の場合）

時刻	子どもと先生のスケジュール	先生の仕事
7：00～	出勤	今日の授業内容を確認する
	生徒たちが登校	
8：00～	朝の会	出欠の確認や提出物の受け取りなど
	1時間目の授業	
9：00～	2時間目の授業	毎時間、各クラスで国語の授業を行う
10：00～	3時間目の授業	
11：00～	4時間目の授業	
12：00～	給食	生徒と一緒に食事をしながら、給食指導を行う
13：00～	5時間目の授業	
14：00～	6時間目の授業	今日の反省や連絡事項などを伝える
15：00～	帰りの会	
16：00～	会議、学習指導	事前の資料づくりにも時間がかかる
17：00～	部活指導	
18：00～	生徒たちは下校	野球部の顧問として、グラウンドに出て指導する
19：00～		
20：00～	帰宅	明日以降の授業の確認や資料整理を行う

10 給食指導

　学級担任は、生徒と一緒に給食を食べます。そのときに、食事のマナーなどの指導を行います。また、足立区で取り組んでいるベジファースト（最初に野菜から食べること）や食材について、子どもたちと話し合うなど、食育にも力をいれています。

> 谷中中学校では、毎日の給食の献立表とともに、食材の産地の情報も知らせています

> 野球部の部活は、週5日（土日のどちらかを含む）で、16～18時まで行っています

コラム　谷中中学校の特色

　谷中中学校には、「み（みだしなみ）　そ（そうじ）　あ（あいさつ）　じ（じかん）　げん（言葉づかい）」という合言葉があり、生徒たちにこの合言葉を意識した生活を送るよう指導しています。

　社会生活を送る基本となるもので、高校入試の面接時にも役立ちます。

　また、学校全体で、生徒たちが自分で考え、行動する力を身につけることをめざしています。具体的には、生徒会が中心になって校則を見直したり、全体の朝礼を生徒会が主導で行ったりしています。世界中で取り組んでいる「持続可能な開発目標(Sustainable Development Goals：SDGs)」についても、生徒たちで何が問題なのか、何ができるかなどを考える機会をつくっています。

生徒会本部は子どもたちの代表です

はたらく人へインタビュー
中学校教員の仕事

谷中中学校 教員の杉山史周さん

Q1 どんな業務をしていますか？

A 国語の授業と2年生の学級担任

私の専門教科は国語で、国語の授業のほかに、2年生の学級担任をしています。

一日のうち、1～4時間は2年生のクラスの国語の授業を行い、学級担任としては、朝と帰りの学活に出て、生徒たちの指導を行っています。

野球部の顧問をしているので、週5日の練習日には、できるだけ参加するようにしています。

Q2 仕事のやりがいを感じるときは、どのようなときですか？

A 中学生の成長の早さ

谷中中学校に勤務する前は、高校で国語を教えていました。高校生と中学生を単純に比較することはできませんが、中学生の成長の早さに驚かされます。先週、文章を書くのに時間がかかっていた生徒が、今週にはスラスラと書けるようになったり、自分の気持ちをうまく伝えられなかった生徒が、しばらくすると、班の仲間にわかるように話せるようになっていたりします。

授業や学活を通して、そうした生徒の成長を見ることは、教師ならではの経験であり、私のやりがいにつながっています。

Q3 これからの目標を教えてください。

A 国語の楽しさが伝わるように

私が国語の教員をめざしたのは、学生時代の授業で、国語の魅力を知ったからです。国語は、ただ本を読むだけではなく、ものごとを論理的に考えて組み立てていく、とても楽しい学問です。それを、生徒たちに伝えたい。そのために、もっと勉強していきたいと思っています。

そうして、いつの日か、「杉山先生のような国語の先生になりたい」と言う生徒があらわれ、その生徒といっしょにはたらける日がきたら最高です。

★ 心がけていること

子どもを指導したら最後までかかわる

生徒に指導したとき、直後の生徒の様子を気にかけて声かけすることは容易なことですが、ともすれば、時間の経過とともに、気にかけることが少なくなります。しかし、最後まで生徒とかかわらなければ、本当に指導したとはいえません。それを自分の失敗から学びました。

障がい児教育にかかわる仕事 — 特別支援学級

小学校と中学校には、心身や知的な発達に課題のある子どもが学ぶ教室として、特別支援学級があります。

特別支援学級を担任する

小・中学校の特別支援学級で、子どもたちに授業を行います。

★1 特別支援学級の先生

小・中学校には、心身や知的な発達に課題のある子どもが毎日通って学習する特別支援学級があります。特別支援学級には、通常の学級と同じように、担任の先生がいます。先生は、小・中学校の通常の学級を担任する先生と同じように、教員免許状をもった人です。

★2 授業を行う

小・中学校では、通常の学級は学年ごとにクラスが分かれていますが、特別支援学級では、小学校は1年生から6年生までの子どもが、中学校は1年生から3年生までの生徒が、小グループに分かれて学習します。

子どもが学ぶ教科は、基本的には、通常の学級と同じです。そのほかに、特別支援学級ならではの授業として、子どもの自立をめざした「自立活動」という授業があります。また、通常の学級の子どもといっしょに学ぶ交流学習もあります。これらのすべての授業を担任の先生が行います。

★3 保護者と信頼関係をつくる

保護者は、子どもの学校生活について、友だちと仲良くできているか、学習できているかなど、知りたいことがたくさんあります。学校の様子を知るのは、直接子どもから話を聞くほかに、授業参観や個人面談などで担任の先生と話すときです。

先生は、保護者に対して、授業や学校生活の中で、できたことや努力したことなどを伝えるとともに、学級の教育方針や子どもの自立にむけた取り組みなどを説明します。一方、保護者から家庭での様子を教えてもらったり、放課後に障がい児のデイサービス施設を利用している家庭では、施設での様子なども教えてもらいます。こうした学校以外での子どもの様子を知ることも、子どもの教育には必要なことなのです。

何より、保護者とたくさん話をすることで、信頼関係をつくることができ、たがいに協力しながら、子どもの成長を見まもっていくことができます。

★4 書類作成や会議など

特別支援学級の先生だけでなく、学校の先生は、さまざまな書類を作るという仕事もあります。子ども一人ひとりの1年間の指導計画をつくったり、活動内容を毎日記録したりします。

また、校内の先生たちと会議をしたり、ほかの学校の特別支援学級の先生たちと情報交換する会議もあります。

特別支援学級についてくわしく知ろう

足立区の20校の小学校に特別支援学級があります。ここでは、鹿浜第一小学校の特別支援学級「なかよし」の活動を紹介します。

★5 鹿浜第一小学校

鹿浜第一小学校には、530名の子どもが通っています（2024年3月現在）。そのうち、特別支援学級の子どもは30名。特別支援学級に入った子どものほとんどが、卒業するまで在籍しています。学年や発達の状態によって、4つの小グループ（1～3年生2グループ、4～6年生2グループ）に分かれており、それぞれ担任の先生がいます。

★6 学校生活

学校での一日の生活の流れは、通常の学級と同じです。朝、登校したら、朝会・集会→午前の授業→給食→午後の授業→帰りの会が終わったら下校します。

授業も、通常の学級と同じ45分です。科目も同じように、国語や算数、体育、音楽などがあります。ただし、子どもの学年や発達の状態によって、科目を合わせたり、日常生活の学習をいれたりした授業になることもあります。

「自立活動」を指導する先生

★7 自立活動

子どもたちが成長して社会で生きていくためには、本人が悩み、困っていることを解決していく力を身につけていくことが大切です。そのための学習時間が、「自立活動」の時間です。これは、通常の学級にはない、特別支援学級の子どもたちのためのカリキュラムです。

● 自立活動でめざす例

生活	・自分で服を脱ぐ・着ること ・服をたたむこと、ハンガーにかけること ・自分で食事ができること
時間	・チャイムにあわせて行動すること ・時計をよむこと
登下校	・決められた通学路で登下校できること
体調	・具合が悪いことを、大人に伝えられること
人との かかわり	・あいさつができること ・友だちと一緒に遊べること
自分の 気持ち	・思ったことを相手に伝えられること

★8 交流活動

特別支援学級の子どもたちと通常学級の子どもたちが、同じ場所で学習したり、行事に参加したりする交流活動もあります。また、ほかの学校の特別支援学級の子どもたちと交流する機会もあります。

こうした交流活動では、特別支援学級の先生は、ほかの先生や学校と連絡をとりながら、どんな科目や行事ならば交流できるのか、その場合の時間割りや事前準備などについて話し合いながら決めていきます。

特別支援学級の先生についてくわしく知ろう

特別支援学級の先生（教員）になりたいと思ったら、教員免許をとり、専門知識も学びます。

★9 特別支援学級の先生になるまでの流れ

小学校、中学校、高等学校、または幼稚園の教員の免許に加えて、特別支援学校の教員の免許があることが理想的です。しかし、実際には、教員の免許があれば、特別支援学級の先生になれます。その場合は、先生としてはたらきながら、教育センターなどで研修を受けて、特別支援教育の専門知識を学びます。

● 特別支援学級の先生になるための資格

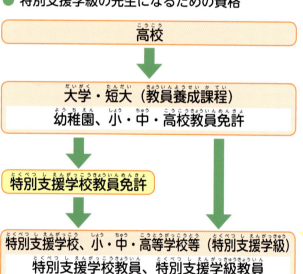

★10 通級指導教室の先生

小・中学校には、特別支援学級に在籍して、一日をその教室で過ごす固定学級と、通常の学級に在籍して、学校生活の大部分を通常の学級で過ごし、週の何時間かだけ特別支援を受ける通級指導教室があります。

通級指導教室の先生は、特別支援を受ける子どもがいる学校に出むいて授業を行ったり、場合によっては、複数の学校を巡回して授業を行うこともあります。

★11 特別支援学校の先生

小・中学校のなかにある特別支援学級のほかに、目や耳が不自由だったり、障がいのある子どもたちが通う特別支援学校があります。特別支援学校には、幼稚部、小学部、中学部、高等部があります。特別支援学校の先生になる場合も、特別支援学級の先生と同じです。

> 多くの場合、小・中・高校、または幼稚園で通常の学級の先生を経験した後に、特別支援学級の先生になるようです。もちろん最初から特別支援学級を受け持つ先生もいます

コラム 足立区 こども支援センターげんき

心身の発達などに課題がある子どもをもつ保護者は、特別な教育支援を受けたほうがよいのか、通常の小・中学校に入れるか、などの不安や悩みをもっています。足立区では、そうした保護者の相談窓口として、「こども支援センターげんき」を設置しています。

はたらく人へインタビュー
特別支援学級で教える仕事

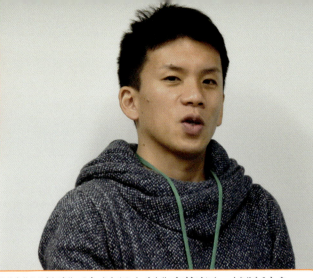

鹿浜第一小学校 特別支援学級教員の桑原孝太さん

Q1 どんな業務をしていますか？

A 3年生グループの担任

知的障がいのある子どもたちが在籍する特別支援学級の学級担任で、3年生グループを受け持っています。指導内容は、教科の学習のほか、将来、社会に出たときに必要な力を身につけるための学習を行っています。具体的には、身の回りのことを自分でできるようにすること、コミュニケーションの取り方など、子ども一人ひとりの困り具合にあわせた指導です。その際に、保護者や病院、スクールカウンセラーなどと連絡を取り合いながら、より良い学習内容を考えていきます。

学校全体の仕事としては、生活指導を中心に、子どもたちが安全に過ごすための計画を考え、実施しています。

Q2 仕事のやりがいを感じるときは、どのようなときですか？

A 子どもからエネルギーをもらっている

子どもたちと同じ時間を過ごしながら、いろんな経験ができることです。子どもたちを指導する立場ではありますが、私も子どもと一緒に遊んだり、考えたりします。何より、子どもたちからエネルギーをもらって、私自身も成長していると感じています。また、ほかの先生と協力して、行事を成功させたときの達成感もやりがいのひとつです。

Q3 印象に残っていることはありますか？

A 卒業生が20歳を迎えたこと

私が、初めて特別支援学級を担任したときの子どもが、20歳の成人式に出席したと聞きました。社会で一生懸命はたらいて、活躍している話を聞くと、これからも子どもたちが社会生活を送ることができるよう、私たちが努力していかなければいけないと、改めて感じました。

☆心がけていること

子どもと真正面から向き合うこと

特別支援学級の子どもたちの特性として、気持ちをストレートに伝えます。楽しいときは「もっとやりたい！」、イヤなときは絶対に「イヤ！」なのです。子どもと向き合うには、大人特有のあいまいな表現は通用しません。正面きってぶつかって、「ダメなものはダメ」と言うようにしています。そうしたやりとりが、日々とても楽しく感じています。

小学校の校長

学校の最高責任者という仕事

校長先生というと、入学式や卒業式、朝礼などで話をするえらい人というイメージがあるかもしれません。しかし、学校のために、実にさまざまな仕事をしているのです。

学校をより良くするための責任者

校長先生は、学校を良くするためにさまざまな仕事をしています。

1 学校経営を考える

校長先生をはじめ、すべての先生が、学校をもっと良くしていきたいと考えています。その考えを具体的な計画にしたものが、学校経営計画です。学校経営計画は、各学校の最高責任者である校長先生が作成し、教育委員会に提出します。

学校経営計画には、学校の教育目標、めざす姿、その年の学校の状況、その年に重点的に取り組むことなどが書かれています。また、その取り組みに対するアンケートを行い、成果と改善すべき点もきちんと報告します。そうした結果を参考にして、次の年には新たな計画を立てることになります。

2 先生（教員）へのアドバイス、サポート

校長先生にとって、教員は部下にあたります。よって、教員がきちんと仕事を行っているかを監督するのは、校長先生の役割です。校長先生は、昔は授業を行っていた、教育の大ベテランです。若い先生や、子どもの指導に悩んでいる先生がいたら、相談にのったり、指導のしかたをアドバイスしたりして、先生たちが安心して子どもの指導に取り組めるようサポートします。

3 子どもたちの安全を守る

学校は、子どもにとって安全な場所でなければなりません。施設にこわれた箇所があれば、すぐに教育委員会に連絡して修理してもらいます。そのほか、登下校の安全対策にも力を入れています。

4 教員が元気にはたらける環境づくり

先生たちの体調管理や、勤務状況にも目を配ります。きちんと休憩時間がとれるように、そして休日をしっかり確保できるように考えるのも、校長先生の仕事です。

5 校外の仕事

「校長先生は出張が多い」と言われることもあるように、実は学校の外での仕事がたくさんあります。校長になると、近隣の学校校長と情報交換するブロック校長会や、市区町村のすべての校長が集まる市区町村の校長会、そして校長が自主的に集まる自主校長会などに出席しなければなりません。そのほかにも、役所との会議や、都道府県ごとの校長会にも出席します。

そうした会議に出席するための資料をつくったり、もどって先生たちに会議の内容を報告したりするなど、さまざまな仕事があります。こうした仕事がたくさんあるので、校長先生は学校にいないことが多いのです。

校長先生の仕事についてくわしく知ろう

足立区には、区立小学校が67校あります。ここでは、東栗原小学校の校長先生の取り組みについて紹介します。

⭐6 東栗原小学校

東栗原小学校には、373名の子どもが通っています（2024年3月現在）。1年から6年までがすべて2クラスで構成されています。「学ぶよろこび　きたえるよろこび　ふれ合うよろこびをもつ子ども」を教育目標に、学校を運営しています。

⭐7 休み時間を5分から10分に

校長先生が取り組んだ事例のひとつに、休み時間を10分に延ばしたことがあります。多くの学校が、授業と授業の間の休み時間を5分と決めています。東栗原小学校でも、以前は5分でした。

ふつう、小学校では、「チャイム着席」が合言葉になっていますが、東栗原小学校では、「チャイム・スタート」を合言葉に、チャイムがなったら、授業をスタートできる環境をめざしています。それには、5分の休み時間では短すぎると、校長先生は考えました。

そこで、先生たちと相談して、休み時間を5分長い10分間にして、増やした時間を取り戻すために、朝の学習の開始時間を8時25分から8時15分に早めることにしました。

こうして、子どもたちは10分の休み時間の間にトイレに行ったり、教室を移動したりして、チャイムと同時に落ち着いて授業を始めることができるようになりました。

● 東栗原小学校の生活時程

時刻	月	火	水	木	金		時刻	土
8:00	登校（8:00～8:10）						8:00	登校（8:00～8:10）
8:15	全校朝会	パワーアップタイム	読書	パワーアップタイム	パワーアップタイム 児童集会		8:15	朝の会
8:30	朝の会						8:25	1
8:40	1	1	1	1	1		9:10	10分休み
9:25	10分休み						9:20	2
9:35	2	2	2	2	2		10:05	10分休み
10:20	20分休み　オリンピックタイム						10:15	3
10:45	3	3	3	3	3		11:00	帰りの会
11:30	10分休み						11:10	
11:40	4	4	4	4	4			
12:25	給食							
1:05	片付け							
1:10	帰りの会	昼休み	帰りの会	昼休み	昼休み			
1:20								
2:05	5	5	5	5	5			
2:15	10分休み							
3:00	6	6	クラブ 委員会	6	6			
3:15	下校	清掃		清掃	清掃			
3:25	放課後補習	帰りの会	下校	帰りの会	帰りの会			
3:30		下校		下校	下校			

> チャイムと同時に授業を始めるには、休み時間は10分ほしい

← 朝の学習の時間

> 朝の学習を10分早めている

> 子どもたちは、余裕をもって次の授業を受けることができるようになりました

小学校の校長

⑧ AIドリルを積極的に活用する

足立区では、児童・生徒ひとりにつき1台のタブレットを無料で貸し出して、授業や家庭学習などに利用しています。令和4年4月からは、さらにAI型ドリル教材（ウェブアプリケーション）を、区立のすべての小・中学校へ導入し、国語、社会、算数・数学、理科、英語の授業や朝学習、放課後補習、家庭学習などで使っています。

このAIドリルの導入は、足立区で決めたことですが、どうやって使うかは、各学校の校長先生が、先生たちと相談して決めます。東栗原小学校では、保護者から「AIドリルより紙のドリルのほうが、勉強しているかどうかがわかりやすい」といった意見もありましたが、区の方針にもとづき、紙のドリルを廃止して、令和5年からAIドリルに切りかえました。

その理由は、AIドリルは、一人ひとりのつまずきに応じた出題ができるため、子どもの基礎学力がつくことが期待できること。そして、先生たちにとっても、これまでプリントを作って、印刷して、回収して添削するといった作業がなくなり、その分、より良い授業づくりのための時間を増やせるという良い点があること。子どもと先生にとって良いことが多いと判断して、決めたのです。

そして、決定したら、あとは先生にお任せというわけではなく、校長先生みずから、子ども一人ひとりのAIドリルの進み具合も、パソコンからチェックしています。

⑨ 自分の考えを振り返り、整理する力をつける

足立区の小・中学校では、子どもが、自分の考えを持って行動し、その結果から、自分の考えを振り返り、整理する力をつけることに取り組んでいます。

東栗原小学校では、毎年、書初めで金賞や銀賞をとった作品をはりだしていましたが、校長先生の考えで、昨年からやめました。その代わりに、書初めの作品を振り返った感想カードを一人ひとりはりだすことにしました。

カードには、「この字のここの部分がうまく書けた」など、ほとんどの子どもが前向きな感想を書いていました。子どもの振り返りをうながすだけでなく、先生が子どもの考えに気づくことのできる良い取り組みになりました。

> プリントドリルからAIドリルに変わりました。宿題にもAIドリルを使っています

コラム　先生もデジタル技術を勉強

小・中学校では、タブレットや大型ディスプレイ、無線ネットワークなど、コンピュータを使ったデジタル技術の導入が進んでいます。子どもたちへの利用を進める一方で、先生たちも、正しく、安全に使えるようになることが求められています。そのため、機器の操作や情報モラルなど、さまざまな研修を受けてもらっています。

はたらく人へインタビュー
小学校の校長の仕事

東栗原小学校 校長の伊地知広竹さん

Q1 どんな業務をしていますか？

A 学校経営、子どもの教育、教員の管理など

　私は、平成31年4月に東栗原小学校の校長として赴任しました。私の仕事は、①学校経営計画や経営方針の作成、実施状況の管理と評価、②教員への指導助言・授業支援など、③学校全体の管理、④教員の勤務・休暇の管理など、⑤教育委員会や地域との会合など―です。

Q2 仕事のやりがいを感じるときは、どのようなときですか？

A 子どもの笑顔をみるとき

　毎朝子どもたちを校門で迎えていますが、元気にあいさつしてくれたときや、休み時間に廊下でいろいろな話をしてくれたときが、私にとってうれしい時間です。

　また、月曜日の朝会では、私がつくった動画を校内放送しています。学校のできごとや子どもに心がけてほしいことなどを話し、最後にクイズを出して終わります。子どもたちが楽しそうに動画をみる姿や、私に「クイズをもっと難しくして」と要望したりする反応がとても楽しみです。

　こうした、子どもたちの笑顔が、私の仕事への活力につながっています。

Q3 印象に残っていることはありますか？

A 成長した子どもたちが巣立っていく姿

　かつて、教員として授業を受け持っていたとき、子どもたちの「もっとやりたい」という言葉がうれしくて、心に残っています。校長になってからは、卒業式で涙をながしながらも、胸をはって巣立っていく子どもたちの姿がとても誇らしく、毎年、感動しています。

☆心がけていること

子どもや先生の表情の変化

　つねに、子どもや先生の表情の変化に注意を払っています。表情をみれば、元気なのか、具合が悪いのか、何か困りごとがあるのかなどを、ある程度想像することができるからです。そうして、必要ならば対応を考えます。子どもや教員の管理は、校長である私の役目です。

子ども・子育てにかんする仕事 子ども政策課

妊娠から出産・子育てを支える取り組みはたくさんあります。それらを調整したり、新しい取組みを考えたりする部署です。

子ども・子育てにかかわる仕事のまとめ役

役所では、子どもや、妊娠から出産・子育てする家庭をささえる仕事を行っている部署がいくつもあります。子ども政策課は、住民からの意見もききながら、子どもや家庭のための新しい取り組みを考える仕事を行っています。

1 複数の課の仕事をまとめる

子どもやその家庭を支える取り組みはたくさんあり、それを複数の部署が担当しています。そこで、子ども政策課に子ども家庭部内の情報を集めて、調整を行うのです。たとえば、保育士にかかわる取り組みを行うという情報が入り、その取り組みが幼稚園教諭にもあてはまるようなら子ども政策課が幼稚園教諭を担当する部署に声をかけます。

このように、良い取り組みを別の部署にも伝えて、一緒に行うことで、より多くの子どもや家庭に役立つ取り組みになります。

2 新しい取り組みを考える

子どもの将来の健康づくりについて、つねに新しい取り組みを考えています。

たとえば、子どもの歯の健康を守るには、乳歯のうちに歯の健診を受けてもらうことが大切です。足立区では、「あだちっ子歯科健診」という名前で、小学校にあがる前までの子どもを対象に、無料の歯の健康診断に取り組んでいます。

3 ガイドブックの作成

子どもと子育て家庭を応援するためのガイドブックを作成しています。「あだち子育てガイドブック」には、妊娠から子育てまでのさまざまな情報がまとめられています。

ミニ知識

子どものむし歯

子どもの歯（乳歯）は、大人の歯（永久歯）にくらべて、歯の表面（エナメル質）が薄く、むし歯菌が出す酸に弱いため、むし歯になりやすいです。乳歯のむし歯は進行が速いので、定期的な歯科健診ですぐに見つけて治療することが大切です。小学校にあがる頃は、大人の歯（永久歯）がはえてくる時期でもあります。永久歯をまもるためにも、小さい頃からの良い生活習慣が大事なのです。

就学前の歯科健診についてくわしく知ろう

ここでは、年1回、無料で受けられる足立区独自の取り組み「あだちっ子歯科健診」を紹介します。

★4 歯の健診を受ける場所

区内の保育園やこども園、幼稚園などに通っている子どもは、通っている施設で歯の健診を受けます。

区内の保育園やこども園、幼稚園などに通っていない子どもや、区外の保育園やこども園、幼稚園などに通っている子どもは、子ども政策課から各家庭へ書類が送られてくるので、地域の歯医者さんで健診を受けることができます。このような方法で、足立区内に住む4～6歳すべての子どもを対象に実施しています。

★5 健診の内容

むし歯のチェック、口の中の状態や、歯のかみ合わせを確認します。

歯のかみ合わせとは、上の歯と下の歯がうまく合っているかどうかです。うまく合わないと、食べ物をしっかりかめなかったり、食べ物が歯のすき間に入って、むし歯の原因になったりします。

★6 未治療の子どもを減らす

健診の結果、むし歯が見つかったり、歯のかみ合わせをなおしたほうが良いことがわかったりした場合などは、歯医者さんで治療を受けるよう指導します。

区内の保育園やこども園、幼稚園などに通っている子どもは、通っている施設の職員が治療を受けているかを確認し、区内の保育園やこども園、幼稚園などに通っていない子どもや、区外の保育園やこども園、幼稚園などに通っている子どもは、子ども政策課の歯科衛生士が、家庭に電話して、治療を受けているかを確認しています。

★7 施設と地域の歯医者さんをつなげる

歯の健診には、地域の歯医者さんの協力が欠かせません。子ども政策課では、保育園などの施設と、健診に協力してくれる歯医者さんの組織（歯科医師会）と連絡を取り合いながら、健診を行っています。

★8 もっと歯・口の健康をよくする取り組みを考える

各施設や歯医者さんから集めた歯科健診の結果をまとめて分析し、その分析を参考に、もっと子どもの歯・口の健康がよくなるための、新しい取り組みを考えたり、施設の取り組みを支援したりしています。

● 子どもを対象にした、むし歯予防教室

小さな子どもたちに、歯みがきの大切さと、正しい歯のみがきかたを教える教室も行っています

「あだち子育てガイドブック」はこんな内容

足立区の「あだち子育てガイドブック」には、どのような情報がのっているのでしょうか。

⭐9 さまざまな子育ての最新情報

あだち子育てガイドブックには、妊娠から出産・育児などの子育てにかんする支援の内容や、さまざまな保育サービス、幼稚園、子育てサロン、子どもと楽しめる公園などの情報がのっています。

ガイドブックは毎年つくるため、最新の情報を知ることができます。また、その年に特に伝えたいことを、特集ページにのせています。

⭐10 本の見せ方も考える

単に情報を紹介していくだけではなく、困ったときに、すぐ情報を見つけることができるよう、読みやすいガイドブックをめざして、見せ方にも力を入れています。

● 表紙

● 子育て応援カレンダー

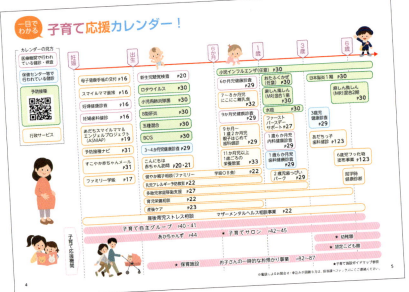

子育て応援カレンダーです。分野ごとに色分けしているので、知りたい情報をすぐに見つけられます

● 子育て施設ガイドマップ

子育てに役立つ区内の施設を紹介しています

「あだち子育てガイドブック」は、足立区役所内、区民事務所、保健センターなどの公共施設のほか、子どもが集まる複合施設や民間施設などでも配布しています。

子ども政策課

はたらく人へインタビュー
子どもの歯の健康をまもる仕事

子ども政策課の内田千景さん

Q1 どんな業務をしていますか？

A 「あだちっ子歯科健診」の管理・運営　幼少期からの良い生活習慣の定着に向けた取り組み

「あだちっ子歯科健診」を管理・運営しています。また、歯科健診の結果をもとに、保育園や幼稚園に直接出むいて、歯みがきを習慣にする取り組みを行ったり、保護者に「歯みがき・仕上げみがきの大切さ」や「歯に良いおやつの食べ方・選び方」を伝えたりして、子どもの歯の健康づくりを支える仕事をしています。

Q2 公務員になろうとした理由はなんですか？

A 歯科衛生士として、住民の歯の予防にかかわりたい

私は、むし歯を予防するための処置や指導を行う歯科衛生士という専門の資格をもっています。この資格をとると、歯医者さんのところではたらけますが、そこに来る患者さんのほとんどが、むし歯など治療が必要な人です。しかし私は、歯の予防に関心があったので、住民の歯の予防にかかわれる公務員を選びました。

Q3 印象に残っていることはありますか？

A 子どもが歯みがきを覚えてくれたとき

保育園で歯みがき教室を行ったとき、子どもが、「去年も来てくれた歯の先生だ。歯みがきをちゃんとやってるよ」と、言ってくれたことがあります。私が教えた歯みがきの方法や、歯に良いおやつの選び方などを、保育園や家庭で続けてくれているのを知り、とてもうれしくて、仕事のはげみになりました。

心がけていること

健診にかかわる人たちの視点に立つ

「あだちっ子歯科健診」には、いろんな立場の人がかかわっています。保育園やこども園、幼稚園には、保育士、幼稚園教諭、看護師、栄養士などの職員がいます。また、歯医者さんや歯科医師会という組織もかかわっています。役所内でも、子どもの教育や保健を担当する部署や、健診結果をまとめる部署などがかかわっています。それぞれ仕事内容が違いますが、子どもの歯の健康に対する思いは同じですので、相手の立場に立って仕事を進めるように心がけています。

29

保育園の入園にかかわる仕事 — 子ども施設入園課

はたらきながら子育てをする家庭が増えています。また、家庭の事情で日中、家庭で保育ができない場合もあります。そうした場合に利用できるのが保育園です。

入園申込みから決定までの仕事

保育園の入園にかんして、おもに入園の申込みを受付けてから入園を決定するまでの仕事を行っています。

1 保育園の募集情報の公開

保護者は、子どもを保育園にあずけたいと思ったとき、まず保育園に空きがあるかを調べます。子ども施設入園課では、保育園ごとの募集人数などの情報を定期的に公開しています。

2 入園の申込み受付から結果の通知

入園の申込みを受付ける窓口業務を行っています。保育園の入園は、4月から利用したい人がもっとも多いですが、希望する施設に空きがあれば、いつでも申込みができます。

そして、出された書類をもとに、家庭の状況にあわせて点数（指数）をつけます。

・保護者の状況例：毎日勤務する仕事か、パートタイムの仕事か。就職の予定はあるか。病気を抱えているか。介護が必要な家族はいるか。

・家庭の状況例：希望する保育園に兄弟・姉妹が通っているか。家庭に祖母・祖父などがいるか。

点数が高い順から入園の内定を決めます。

内定の結果は、4月入園の場合は郵送で、それ以外は直接電話で伝えます。そのうえで、内定した保育園に入園するかどうか、保護者の意思を確認します。

3 入園後のかかわり

子どもが保育園に入った後、家族の状況が変わったりすると、保育料が変わることがあります。その場合の手続きを行います。そのほか、翌年も保育園を利用するかどうか、保護者に確認する仕事もあります。

保育園の入園手続きについてくわしく知ろう

子どもが保育園に入るまでには、さまざまな手続きが必要です。足立区の保育園の場合の、申込みから入園までの流れをみてみましょう。

★4 申請から入園までの手続き

4月に入園したい場合、保育園の募集人数は、11月ごろに、区のホームページ、子ども施設入園課で確認できます。決められた期間内に申請し、翌年の2月には区から内定の連絡が届きます。

内定した保育園で面接や健康診断を受けた後に、正式に入園が決定されます。

★5 オンライン申請

保育園の入園手続きは、区役所の窓口に行かなくても、スマートフォンやパソコンを使って、オンラインで申込むことができます。

● オンライン申請

● 4月に入園したい場合の手続き

4月

5月

6月

7月 — 準備
保育園の情報を集め、保育園見学などに参加します。

8月

9月 — 申込書を入手
保護者は、保育園の申込み書類を子ども施設入園課の窓口や保育園などで入手します。

10月

11月 — 申込みを行う
受付期間中に、申込み書類を提出します。提出先は、子ども施設入園課の窓口のほか、オンライン申請が可能です。

12月

翌年1月 — 区による審査・内定の通知
出された書類をもとに、入園の審査が行われます。
審査の結果は、郵送もしくは電話で直接伝えられます。

2月

3月 — 面接・健康診断
内定を受けた保育園で、面接と健康診断を受けます。正式に入園が決まると、区から入園決定の通知が届きます。

4月 — 入園

保育園の種類についてくわしく知ろう

保育園には、実はいろいろな種類があります。保護者のはたらき方にあった、保育園を選べるようになっています。それらの保育園を利用したいとき、足立区へ申込む保育園と、保護者が直接申し込む保育園に分けられます。

⭐6 足立区へ申込む保育園

以下の保育園は、仕事などで、日中、家庭で子どもを保育できない場合に、保護者のかわりに子どもをあずかるところです。これらの保育園に入園できるかどうかは、区の審査によって決まります。

●認可保育園
国がつくった基準に従っていると認められた保育園です。対象は0～5歳です（施設によって異なります）。

●認定こども園
幼稚園と保育園の特徴をもっている施設です。対象は1～5歳です。

●少人数で保育する施設
0～2歳の子どもを対象に、少人数の子どもを保育する施設や、育児の経験豊富な保育ママによって、自宅で過ごしているような雰囲気で保育する施設もあります。

⭐7 保護者が直接申込む保育園

会社が社員のためにつくった保育園や、認可外保育園などを利用したい場合は、足立区ではなく、直接、保護者が施設に申し込みます。

⭐8 保育園選びに迷ったら

足立区役所には、子どもをどの施設にあずけたらよいか迷ったり、保育園の情報がほしいときなどに相談できる、保育コンシェルジュという相談員がいます。

役所の窓口のほか、スマートフォンやパソコンを使って、自宅にいながら個別にご相談を受けるオンライン相談も行っています。

保護者のご希望やご家庭の様子などを伺いながら、それぞれのニーズに合ったサービスをご提案します。

✏️ ミニ知識

保育料

保育園の入園が決まったら、保育料を払います。保育料は、家庭の収入とあずかり時間の長さによって決まります。また、利用する保育園の種類によっても変わります。

ただし、0～2歳クラスの2人目以降の子どもと、3～5歳クラスの子どもの保育料は無料です。

はたらく人へインタビュー
保育園の入園手続きの仕事

子ども施設入園課の山田大輔さん

Q1 どんな業務をしていますか？

A 入園申請の受付けから在園中の管理まで

仕事などの理由で、家庭で子どもを保育できない保護者が、保育園にあずけるための申請を受付けています。申請内容にもとづいて指数を計算し、保育園ごとの内定者を決定します。その結果を保護者や保育園に連絡し、入園の手続きを案内します。

入園後も、保育料を通知して支払いの手続きをお願いします。また、子どもが保育園に通っている間も、家庭の事情が変わったときなどに、保護者に連絡をとるなど、管理の仕事も行っています。

Q2 仕事のやりがいを感じるときは、どのようなときですか？

A 書類の記載内容を理解してもらえたとき

入園の申請書は、一般の方にはわかりにくい部分もあり、保護者から、記入のしかたなどの問合わせがあります。その際に、わかりすい言葉を用いて、理解していただけるまで根気強く説明するよう心がけています。そうしたなかで、「よくわかりました」「疑問が解消されました」などの声をいただくと、この仕事にやりがいを感じます。

Q3 印象に残っていることはありますか？

A オンライン申請の利用者が増えた

役所のオンライン申請が始まるとき、広報紙「あだち広報」に、保育園の申請もオンラインでできるという原稿を書いたことがあります。多くの人に知ってもらいたいと、"自宅でも利用可能"などと便利さを強調する言葉を入れました。そうして今、保育園の申請は7割がオンラインによるものになりました。仕事の都合で、どうしても窓口に行けない保護者にとって、とてもよい助けになっています。その普及を後押しできたことも、よかったと感じています。

★ 心がけていること

気づいたことをメモする

仕事の中で気づいたことや失敗したことを、ノートにメモしています。また、保護者からの問合せも、忘れないためにメモします。そのメモをまとめて、自分用のマニュアルを作っています。頭だけで覚えるのは限界があるので、記録することを意識しています。

青少年の育成にかかわる仕事　青少年課

子ども・若者に、地域の人とかかわり、さまざまな体験を通じて地域に貢献する意識をもってもらうことが、地域の未来づくりに不可欠です。

地域の子ども・若者の成長をささえる

子ども・若者がたくましく生きぬく力を育むための成長支援を行っています。

1 子どもの家庭生活を応援

子どもの健やかな成長には、家庭での規則正しい生活習慣が欠かせません。家庭だけでなく、地域や学校も一緒に取り組んでいます。全国の学校などで進められている「早寝早起き朝ごはん」運動は、青少年課も広める活動を行っています。

2 体験活動を調整する

子ども向けの体験活動は、家庭や地域の団体、学校などと協力して計画します。青少年課が、その調整役を担っています。

3 将来のリーダーを育てる

地域でくらす子どもたちが、地域の活動を通して成長し、将来、その地域でリーダーとして活躍してほしいと願っています。地域には、子ども会という地域の子どもが集まった会があり、さまざまなイベントや地域活動を行っています。そのひとつに、ジュニアリーダーを育てる活動があります。青少年課は、ジュニアリーダー活動をサポートする団体と協力しながら、研修会やキャンプの運営を行っています。

4 成人式の運営

成人式は、青少年から大人（成人）に仲間入りする、大きな節目です。市区町村では、その日をお祝いするとともに、次の世代を担う青年への期待をこめて、成人式を開催しています。

令和4年から、成人の年齢が20歳から18歳に変更になりました。しかし、多くの市区町村では、成人の日に20歳を対象にした式典を開催していま

コラム　早寝早起き朝ごはん

人の生体リズム（睡眠、体温、ホルモンなど）は、朝の光をあびることで調整されます。これを毎日くりかえすことで、昼間に心やからだ、頭のはたらきが活発になります。また、成長に必要なホルモンも、睡眠のリズムが不規則になると、十分に分泌されなくなります。

朝ごはんをしっかり食べると、頭とからだにスイッチが入り、パワーのみなもとになります。

早寝・早起きの良いリズムをつくり、朝ごはんをしっかり食べる習慣を身につけることが大切です。

す。足立区でも名前を「二十歳の集い」という名称で開催し、青少年課はその運営を行っています。

ジュニアリーダーについてくわしく知ろう

市区町村では、ジュニアリーダーを育てる取り組みを行っています。足立区のジュニアリーダー育成について紹介します。

5 ジュニアリーダーとは

地域には、子どもたちが中心となって計画を立てて、運営する「子ども会」があります。その子ども会でリーダーの役割をしているのが、ジュニアリーダーです。ジュニアリーダーは、子どもと大人とのパイプ役でもあります。また、スキルアップして、地域のイベントや体験活動などでも活躍しています。

6 ジュニアリーダーになるには

ジュニアリーダーになるには、まずジュニアリーダー研修会に参加します。研修会の対象は、小学4〜6年生。「他の学校や学年の子たちと楽しくレクリエーションゲーム」などをしながら楽しく学ぶ講座を3コマ受けたら、研修修了となります。研修を修了した小学5、6年生は宿泊キャンプに参加することができます。研修会やキャンプなどの経験を経て、中学生になってジュニアリーダーになる準備をします。

7 さらにステップアップした立場に

中学生になったら、ジュニアリーダー スーパー研修会に参加できます。ジュニアリーダー研修会に参加していない中学生も参加できます。「野外活動」「危険予知トレーニング」などの講座を5コマ受けます。
研修を修了したら、ジュニアリーダーになることができます。ジュニアリーダーになったら、子ども会のイベントなどでお手伝いをしながら、イベントを盛り上げます。今度は、ジュニアリーダー研修会や宿泊キャンプで、教える立場になり地域で活動します。

8 宿泊キャンプ

ジュニアリーダースーパー研修会を受講している中学生、ジュニアリーダー研修会を修了した小学5、6年生が対象。2泊3日。テントを張り、かまどで食事をつくり、テントで寝るなど、学校や家庭では体験できないキャンプを行います。自然を感じ、集団生活の中で班活動を行い、コミュニケーション力などを育てます。

9 ジュニアリーダークラブ

ジュニアリーダースーパー研修会を修了した中学生と高校生で構成された、ジュニアリーダークラブというボランティア組織があります。これまでの経験や知識をいかして、地域の子ども会や、さまざまな団体が実施する子ども向けのイベントなどで、企画・運営に参加し、レクリエーションなどでは指導も行います。

10 地域の力になる

ジュニアリーダーの活動を経験することで、自分で考え、仲間と協力して答えを導く力、行動に移す力、コミュニケーション能力などを身につけることができます。また、地域のさまざまな活動や、大人との交流をとおして、将来、地域をよりよくするリーダーへと成長することが期待されています。

子ども向けイベント・体験活動

子ども向けのイベントは、家庭や学校では体験できないようなものがたくさんあります。足立区の子ども向けイベントをいくつか紹介します。いずれも、青少年課が運営に協力しています。

11 あだち子ども百人一首大会

子どもたちに、日本文化を大事に思ってもらい、学ぶ楽しさを知ってもらいたいという目的で行われている体験活動です。毎年、白熱した戦いがくり広げられている、人気の大会です。小学生の部、中学生の部に分かれて戦います。令和6年の大会では、チーム戦と個人戦を行いました。

12 足立凧まつり

和凧は、日本の伝統的な凧です。和凧をもっと知ってもらい、親子で作った和凧を揚げて楽しんでもらうイベントです。

夏休みなどを利用して、小学生と家族で一緒に作った凧を、荒川の河川敷で揚げます。さらに、足立凧まつり実行委員会が用意した凧キットで製作した凧のなかから、独創的な絵が描かれていて、安定してよく揚がった凧に、区長賞、議長賞などの賞で表彰します。

13 親子体験キャンプ

小学生、中学生とその保護者を対象に、日帰りでキャンプを体験するというものです。足立区内のキャンプ場で、テントの設営、野外炊事、野外遊びなどを体験します。キャンプの指導者がわかりやすく教えてくれるので、初心者でも安心して参加することができます。

14 大学と連携したイベント

足立区には大学が6校あります。青少年課では、各大学と協力しながら、定期的にイベントを開催して、子どもたちの体験活動を推進しています。子ども向けの大学講義を受けて、「1日大学生」を体験したり、科学をテーマにしたものづくりイベントに参加したりするなど、子どもが知りたい大学を体験できます。

はたらく人へインタビュー
ジュニアリーダーを育成する仕事

青少年課の白石桃子さん

Q1 どんな業務をしていますか？

A ジュニアリーダー研修会やイベントの運営

地域で子どもたちを育成するジュニアリーダーにかかわる事業を担当しています。ジュニアリーダー研修会や宿泊キャンプなどのイベントを、多くの人に知ってもらう広報活動にも力を入れ、研修会やイベントでは、運営を担当しています。事前に講師や会場の関係者と何度も打合せを行い、当日には写真や記録をとります。参加した子どもたちに、次も参加したいと思ってもらえるような企画を考えます。

Q2 仕事のやりがいを感じるときは、どのようなときですか？

A 子どもの成長を感じたとき

私が企画したイベントに参加した子どもたちから、「楽しかった」「参加してよかった」という言葉を聞いたときに、この仕事をやってよかったと思います。また、小学生からジュニアリーダー研修会に参加していた子どもが、中高生になり、教える立場として成長した姿を見ると、とてもうれしくなります。

Q3 印象に残っていることはありますか？

A 参加者の笑顔を引き出せたこと

小中高生130名、地域の大人スタッフ30名で2泊3日の宿泊キャンプを成功させたことです。事前に、地域団体と何度も打合せを行い、安全で安心できるキャンプをめざしました。そうして、大人と子どもたちが協力しながら行ったキャンプでは、多くの人から笑顔を引き出すことができたので、とても印象に残っています。

★ 心がけていること

さまざまな視点をもつこと

ジュニアリーダー事業では、さまざまな人がかかわります。参加する子どもはどう思うか、その家族はどう考えるか、そして地域の人や学校はどう考えているかなど、さまざまな視点を考えながら、取り組んでいくよう心がけています。また、障がいや貧困など、さまざまな環境があることをふまえ、だれもが参加できるイベントの企画を心がけています。

37

本を貸し出す仕事

中央図書館

紙の本を中心に、雑誌や新聞などを集めて、住民などに貸し出しています。市区町村が運営するもの以外にも、学校図書館や、民間の図書館もあります。

収集した本などを貸し出す

⭐1 本を集める

出版された本や雑誌、新聞などを集めて保管するのが図書館の役割のひとつです。

本はおもに決められた予算のなかから、司書の人が選んだものを購入しますが、住民からのリクエストで人気のある本を購入することもあります。また、著者や出版社などから寄贈された本もあります。

これらの本を保存し、いたんだものは修理して良好な状態に保つのも、図書館の大切な仕事です。また、新聞や雑誌などは、月ごとや年ごとにとじて、のちのち利用しやすいように整理しています。

⭐2 本を貸し出す

私たちにもっともなじみ深い図書館サービスが、本の貸し出しです。ふつう、利用者はカードをつくって、1回に何冊ずつか借りることができます。

最近では、ネットを使った検さくや予約サービスなどもあって、ますます図書館が利用しやすくなっています。

さらに、近年では電子書籍の貸し出しサービスを行う図書館も登場しています。

⭐3 CDやDVD、紙芝居の貸し出し

図書館では本だけでなく音楽CDやDVD、紙芝居を借りることもできます。また、CDやDVDを図書館内で視聴することもできます。

● 足立区の本の貸し出し件数

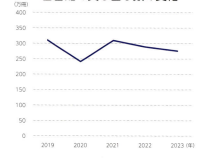

図書館の貸し出し数の変化

(足立区の図書館 令和5年度 事業報告書 より)

📖 コラム 本の分類と探し方

- 図書館に置かれている本の多くは、日本十進分類法(NDC)というルールにしたがってならんでいます。十進分類法では、あらゆるテーマを9つに分けて、どれにもあてはまらない本に0という番号をふっています。実際にはさらに細かく分類するために、3桁から5桁の番号がふられていることが多いので、それを参考に本が探せます。

また、最近の図書館には、本を検索する機械が置かれていますので、それを使って本を探すこともできます。

情報センターとしての図書館

図書館の重要な役割は、地域の情報の中心地であることです。利用者にさまざまな情報を提供するために、職員によるレファレンスサービスのほか、本の取り寄せをはじめとしたさまざまなサービスに対応しています。

⭐4 ほかの図書館との連けい

日本最大の図書館である国立国会図書館をはじめ、各地の図書館と協力関係にあります。

現在絶版で手に入らない本や雑誌も、デジタル化してあれば国立国会図書館から取り寄せて、見ることができます。見ることができる資料は、国立国会図書館デジタルコレクションで確認することができます。

また区内の図書館が持っている本であれば、予約して取り寄せることができます。予約は、窓口でもWebからでも可能です。

⭐5 レファレンスサービス

利用者の調べ物の手伝いも、図書館の重要な仕事です。このサービスをレファレンスサービスと言います。

このサービスは、あくまで利用者の調べている内容がのっている資料（本やWebサイト）を紹介することが基本です。法律や病気、宿題などの答えを直接教えてはくれないので、気をつけましょう。

⭐6 郷土資料を保存する

市区町村の図書館には、地域の歴史資料を集めて保存するという役割もあります。このため、古い地図や、郷土史を研究した冊子、歴史研究会の会報なども集めています。

ある地域の郷土史を研究した資料などは、国立国会図書館にもなく、その地域の図書館でしか保存していないことも多いので、図書館のはたしている役割は非常に大きいのです。

⭐7 さまざまなサービス

活字が読めなかったり、読みにくい方にむけたサービスもあります。大きな活字で印刷されている本や、点字の本、読み上げた音声が録音された本などがあります。

また予約すれば、本を対面で読んでくれるサービスやパソコンでの読み上げ、点字に変換するソフトを利用することもできます。

レファレンスサービスでは、さまざまな調べ物の手伝いをします。足立区立図書館で探せない場合、都立図書館や国立国会図書館などを紹介することもあります

中央図書館

図書館内外の仕事

絵本の読み聞かせ会のようなイベントや、音楽会などを開きます。

⭐8 読み聞かせ会

ボランティアによる絵本の読み聞かせ会や、おはなし会、子ども向けの映画会も人気のイベントです。

下は赤ちゃんから、年れいにあわせて、絵本を読んでもらえますから、小さいうちから絵本に親しんで、子どもが本好きになるきっかけづくりにぴったりです。

夏には「七夕おはなし会」「こわ～いおはなし会」を行うなど、季節によりさまざまな工夫をこらしたスペシャルおはなし会もあります。

⭐9 出張おはなし会

イベントや出張おはなし会では、親子で参加できる絵本や紙芝居の読み語りを行っています。

おもに幼児から小学生が対象ですが、絵本、手遊び、パネルシアターなどを行う「赤ちゃんおはなし会」などもあります。

⭐10 その他のイベント

このほか図書館では、定期的に作家や有名人を呼んでトークイベントを開いたり、大学と協力して音楽会などを開いたりもしています。

これらのイベントは、住民の文化的な生活をささえる上で重要であり、またふだん接していない芸術や、思ってもみなかった文化にふれることができます。

⭐11 学校にも本を送る

学校の先生から依頼をうけて、授業のテーマにそった本を集めることもあります。

地域の学校とも情報を共有していますから、移動教室などに行く前に、あらかじめその地域について予習するために、訪問先にあわせて役立つ本のセットを送ったりします。

● 図書館のイベント

ミニ知識

司書ってなに？

司書とは、図書館ではたらく専門職で、必要な科目を学び国家資格を持っている人です。

図書館で、本の購入、整理やレファレンスサービスなどの仕事をしていますが、司書の資格がなくても、図書館ではたらくことは可能です。

はたらく人へインタビュー
図書案内係の仕事

中央図書館の井上淳子さん

Q1 どんな業務をしていますか？

A 本のレファレンスサービスをしています

窓口やWebで利用者の調べ物の手伝いをするレファレンスサービスをしています。ときにはイモムシを持った子どもから、「これは何の幼虫？」と聞かれたり、うろおぼえのあらすじから昔読んだ本を探してほしいと言われたりもします。

Q2 仕事にやりがいを感じるときは、どのようなときですか？

A 欲しいものをピッタリ手渡せたとき

少しの情報から、利用者が求めている資料を探し出せたときは、すごくうれしくなります。利用者の方は、ぼんやりと何かを知りたいという状況でいらっしゃる方が多いので、よく話を聞いて、本当は何を知りたいのかがわかるようにつとめています。

本のけんさく方法を教える「調べ方講座」などを行ったときに、わからなかったことがわかるようになる楽しさが、子どもたちに伝わると、良かったなと感じます。

Q3 印象に残っていることはありますか？

A 新しいコーナーを立ち上げたとき

中・高校生向けのコーナーの立ち上げにかかわったことです。

学校の放課後などに、中・高校生が楽しそうに本を見たり、勉強したりしているすがたを見たりすると、がんばって良かったなと思います。

☆心がけていること

本を好きになって読める環境

本を読むことで、知らなかった世界へ行くことができます。読むだけでなく図鑑を見るだけでも楽しいです。

図書館に来ることで、知らなかったことを知るというわくわくする体験をすることができるので、図書館でたくさんの本を見て、多くの世界を楽しんでほしいです。

読みたい本がなくても、図書館にふらっと来て、話しかけてくれれば、いろいろ紹介しますのでぜひ来てください。

文化にかかわる仕事

郷土博物館

郷土博物館は、まちの歴史、民俗、美術を調査、研究しています。また、地元にゆかりのある資料を展示して、そのすばらしさを、本や展覧会で多くの人に知ってもらいます。

まちの文化財を見つける

まちの個人やお寺、神社などが保存している古文書、絵画、道具などを見つけて調査、研究します。また、それを本や展覧会などで発表するのが郷土博物館の仕事です。

1 まちの人たちと交流

個人が所有している古文書、絵画、道具などは、持ち主の家にうかがって、信頼関係をきずかないと見ることすらできません。さらに、その情報は、口コミが多く、何人ものつてをたどってようやくたどりつけることも、しばしばです。多くの人の協力なしでは博物館は成り立たないのです。

さらに、それがニセモノだったり、それほど価値がなかったりすることもあります。そのものの価値は、専門家がくわしく調べてみないとよくわからないのです。だからこそ、新しい優れた資料に出会ったときのよろこびは大きいのです。

2 新しいものにも価値が

近年、昭和50年代（1975～1984年）ごろに作られた工芸品や絵画にも、歴史的価値を認めるようになっています。このため、このころつくられた足立区ゆかりの作家さんたちの作品も、調査の対象になっています。また、昭和時代につくられた家電製品や、当時撮られた写真を展示しているところもあります。

3 まだまだ発見がある

足立区では、未だ見つかっていない古文書や美術品がたくさんあると考えられています。さらに、いい情報があって所有者の方に会おうと思っても、タイミングがあわず行きちがいをくり返すこともよくあります。

4 所有者もよろこぶ

まちの人たちから寄贈してもらったものを、調査研究した上で、展覧会に出せたとき、所有していた方がよろこぶ姿を見ると、うれしく感じます。所有者の方も、解説文等を読むことで、自分が持っていたものの価値を再確認してくれています。

コラム　学芸員とは

- 博物館で資料の収集、保管、調査研究、展示を行う専門的職員が学芸員です。
- 学芸員になるためには、博物館にかんする科目を大学や短大で学ぶか、文部科学省で行う資格認定に合格する必要があります。学芸員は任用資格なので、資格があっても、学芸員として活やくするには、博物館等ではたらいている必要があります。

資料の整理保存、調査研究

博物館の四大機能は、資料を集める、整理と保存、調査研究、教育普及と展示です。

⑤ 資料の整理保存

博物館には、古くて貴重だったり、今後入手できなくなったりしてしまう「もの」を集めてそれを未来に伝えるという大事な仕事もあります。

すばらしい美術品や、美しい工芸品を博物館が集めるのはあたりまえです。しかし一方で、世の中にあふれているものであっても、生活の道具や子どものおもちゃのように、大切にあつかわれないものは、何十年、何百年後にはほとんど残されていないことがあるのです。これらを集めた博物館は、未来に向けたタイムカプセルのようなものなのです。

また、集めたものを整理して記録するのも重要です。さまざまな道具が、どんな大きさで、どんな特ちょうがあるのかを記録しておけば、ほかの場所で見つかったものとくらべることができるからです。

⑥ 調査研究

博物館では、さまざまなジャンルの専門家がはたらいています。たとえば、昔の文書を研究している古文書の専門家でも、文書の時代や内容によっていろいろな人が研究しているため、研究者同士のつながりはとても大切です。

また、資料によっては100カ所以上もチェックするところがあったりするので、調査にも時間がかかります。

⑦ 資料の修復

いたんだ資料は、修復師に依頼して修理をします。足立区は小さな工場が多いこともあって、さまざまな技術をもっている人が大勢います。

ただ最近は、修復できる人が高齢化したこともあって人手不足になってきています。このため、依頼してから修復が終わるまで、時間がかかるようになっています。

コラム 📖 旧家の蔵からお宝が！

- 昔から住んでいた旧家やその蔵から、思いもかけないお宝が見つかることがあります。なかには、建物のとりこわし寸前に貴重な絵画が見つかったり、文化財クラスの美術品を衣装かけに使っていたりしたという例もあります。
- ただし蔵があっても、所有者が許可してくれなかったり、当主がいそがしすぎてなかなか調査に入れなかったりして、まだ見つかっていないお宝はたくさんありそうです。

郷土博物館

教育普及と展示

8 地元の文化の紹介

足立出身の画家の作品を展示紹介しているほか、「千住の琳派展」のような、特別展も開いています。また、江戸から昭和前期に栄えた地域の文化を展示する「大千住展」では、古文書や屏風絵、祭の用具などを展示して、千住の歴史と文化を紹介しました。

9 コレクション

博物館は、それぞれ独自テーマで資料を集めていることが多く、足立区立郷土博物館では「江戸絵画」や「浮世絵」「下山事件資料」などさまざまなコレクションを持っています。

これらの一部は、常設展として見ることができ、地元の文化や歴史に親しむことができます。

10 郷土史の研究と普及

博物館は、郷土史研究家や文化の愛好家ともつながっていて、住民と協力しながらさまざまな事業を進めることもあります。

また、博物館独自の定期刊行物を発行していて、そこで研究の成果などを発表しています。

足立史談第665号

「大千住展」では、江戸時代の祭に使われた祭具が展示され、展示作業は、博物館の学芸員も行いました

🎤 はたらく人へインタビュー
学芸員の仕事

足立区立郷土博物館の多田文夫さん

Q1 どんな業務をしていますか？

A まちの古文書、絵画、道具などをさがす

まちの人たちと交流して、個人やお寺、神社などが持っている貴重な資料を見つけることです。またそれを、調査、研究、発表して、足立区のすばらしい歴史と文化を多くの人に知ってもらうことが私の仕事です。

Q2 公務員になろうとした理由はなんですか？

A 子どものころから博物館の仕事をしたかったから

まちの歴史、民俗、美術を研究して、保存する仕事につきたいと子どものころから考えていました。

大学時代は勉強会に入っていて、参考書で勉強したほか、各地の博物館を受験しましたが、足立区の学芸員として採用されるまで、何年もかかりました。

Q3 印象に残っていることはありますか？

A 楽しく学んでいる様子を見たとき

博物館をおとずれた方が本を読んだり、展示を見たりして楽しく学んでいる様子に立ち会えたときです。とくに、展覧会に資料を提供してくれた方がよろこんでいると、やりがいを感じます。

また、いろいろな苦労を重ねた上で新しい優れた資料に出会ったときも忘れられません。これこそが学芸員をやっていてもっともうれしい瞬間です。

☆ 心がけていること

（ 相手の立場になって考えること ）

博物館は多くの人の協力で成り立っているので、相手の立場に立って考えることが大事です。

資料の所有者の方、情報を提供いただいた方、修復する職人の方、展示をする業者さん、役所の仲間などたくさんの人と一緒に仕事をしていることを忘れないようにしています。

さくいん

英字
- AI型ドリル教材 …………………… 24
- PTA ………………………………… 10, 14

あ行
- 異学年交流活動 …………………… 13
- 永久歯 ……………………………… 26
- エナメル質 ………………………… 26
- 延長保育 …………………………… 7
- オンライン申請 …………………… 31

か行
- 外国語活動 ………………………… 10
- 外国語活動アドバイザー ………… 10
- 学芸員 ………………………… 42, 44, 45
- 学活 ………………………… 13, 14, 16, 17
- 学級担任 ………… 10, 13, 14, 16, 17, 21
- 学校経営計画 …………………… 22, 25
- 教育委員会 ……………………… 12, 22, 25
- 教育実習 …………………………… 12
- 教育センター ……………………… 20
- 教員採用試験 ……………………… 12
- 教員免許 ………………………… 12, 20
- 教員免許状 ………………………… 18
- 教科担任制 ………………………… 14
- 教材づくり ………………………… 10
- 郷土博物館 ……………………… 42, 44
- 研修 ……………………… 14, 24, 35
- 校長会 ……………………………… 22
- 交流活動 …………………………… 19
- 国立国会図書館 …………………… 39
- 個人面談 …………………………… 18
- 固定学級 …………………………… 20
- 子ども会 …………………………… 35
- 顧問 ……………………… 14, 16, 17

さ行
- 歯科医師会 ……………………… 27, 29
- 歯科衛生士 ……………………… 27, 29
- 資格認定 …………………………… 42
- 歯科健診 ……………………… 26, 27, 29
- 司書 ……………………………… 38, 40
- 十進分類法 ………………………… 38
- 指導計画 …………………………… 18
- 修復師 ……………………………… 43
- 授業参観 …………………………… 18
- 出張おはなし会 …………………… 40

ジュニアリーダー……………… 34, 35, 37	年間行事…………………………… 8
小学校教員免許…………………… 12	年間計画…………………………… 10
小学校教員養成課程……………… 12	博物館………………… 42, 43, 44, 45
自立活動………………………… 18, 19	二十歳の集い……………………… 35
生活指導……………………… 11, 14, 21	早寝早起き朝ごはん……………… 34
生活習慣……………………… 9, 26, 34	保育コンシェルジュ……………… 32
生徒会……………………………… 16	保育士………………… 6, 7, 26, 29

た行

単元…………………………… 10, 15	
通級指導教室……………………… 20	
デジタル技術……………………… 24	
電子書籍…………………………… 38	
特別活動…………………………… 11	
特別支援学級………… 18, 19, 20, 21	
特別支援学校……………………… 20	
特別支援教育…………………… 14, 20	
図書館……………………………… 38	

まやらわ行

むし歯……………………… 26, 27, 29
読み聞かせ会……………………… 40
臨時教員…………………………… 12
臨時教員候補者…………………… 12
歴史研究会………………………… 39
レファレンスサービス………… 39, 41

なは行

乳歯………………………………… 26
認可保育園…………………… 6, 7, 32
認定こども園……………………… 32
任用資格…………………………… 42

● 協力　足立区役所（あだちくやくしょ）

● 編　　お仕事研究会
● 編集　　ニシ工芸株式会社（余田雅美、佐々木裕、髙塚小春）
● 装丁・デザイン　ニシ工芸株式会社（安部恭余）
● 企画　　岩崎書店編集部
● イラスト　福本えみ、PIXTA
● 写真協力　足立区報道広報課

＊この本に掲載されている情報は、特に記載のない場合、2024年3月現在のものです。

まちをつくる　くらしをまもる　公務員の仕事　4. 教育・子ども関連の仕事

2025年3月31日　第1刷発行

編　　お仕事研究会
発行者　小松崎敬子
発行所　株式会社岩崎書店
　　　　〒112-0014　東京都文京区関口2-3-3 7F
　　　　電話（03）6626-5080（営業）／（03）6626-5082（編集）
　　　　ホームページ https://www.iwasakishoten.co.jp
印刷　　株式会社光陽メディア
製本　　大村製本株式会社

ISBN 978-4-265-09222-2　48頁　29×22cm　NDC318
©2025 Oshigoto Kenkyukai
Published by IWASAKI Publishing Co., Ltd.　Printed in Japan
ご意見・ご感想をお寄せ下さい。e-mail:info@iwasakishoten.co.jp
落丁本・乱丁本は小社負担でおとりかえいたします。

本書のコピー、スキャン、デジタル化等の無断複製は著作権法上での例外を除き禁じられています。本書を代行業者等の第三者に依頼してスキャンやデジタル化することは、たとえ個人や家庭内の利用であっても一切認められていません。朗読や読み聞かせ動画の無断での配信も著作権法で禁じられています。

\ まちをつくる くらしをまもる /
公務員の仕事
全5巻

1. くらしの窓口
協力：足立区役所　編：お仕事研究会

2. 福祉・健康関連の仕事
協力：足立区役所　編：お仕事研究会

3. まちづくりの仕事
協力：足立区役所　編：お仕事研究会

4. 教育・子ども関連の仕事
協力：足立区役所　編：お仕事研究会

5. くらしをまもる仕事
協力：足立消防署　編：お仕事研究会

岩崎書店